Este libro es dedicado a mis hijos- Mikey, Kobe y Jojo.

Copyright © Grow Grit Press LLC. Todos los derechos reservados. Ninguna parte de este libro puede ser reproducida en ninguna forma sin el permiso por escrito de la editorial. Por favor, envíe solicitudes de pedido al por mayor a info@ninjalifehacks.tv Impreso y encuadernado en los Estados Unidos. NinjaLifeHacks.tv
Paperback ISBN: 978-1-63731-396-1
Hardcover ISBN: 978-1-63731-397-8

Ninja Life Hacks™

Era la temporada deportiva del Ninja Tímido y él no se sentía bien.

Lo había planeado el día anterior. Algunos amigos y yo hicimos un cartel para darle nuestro apoyo.

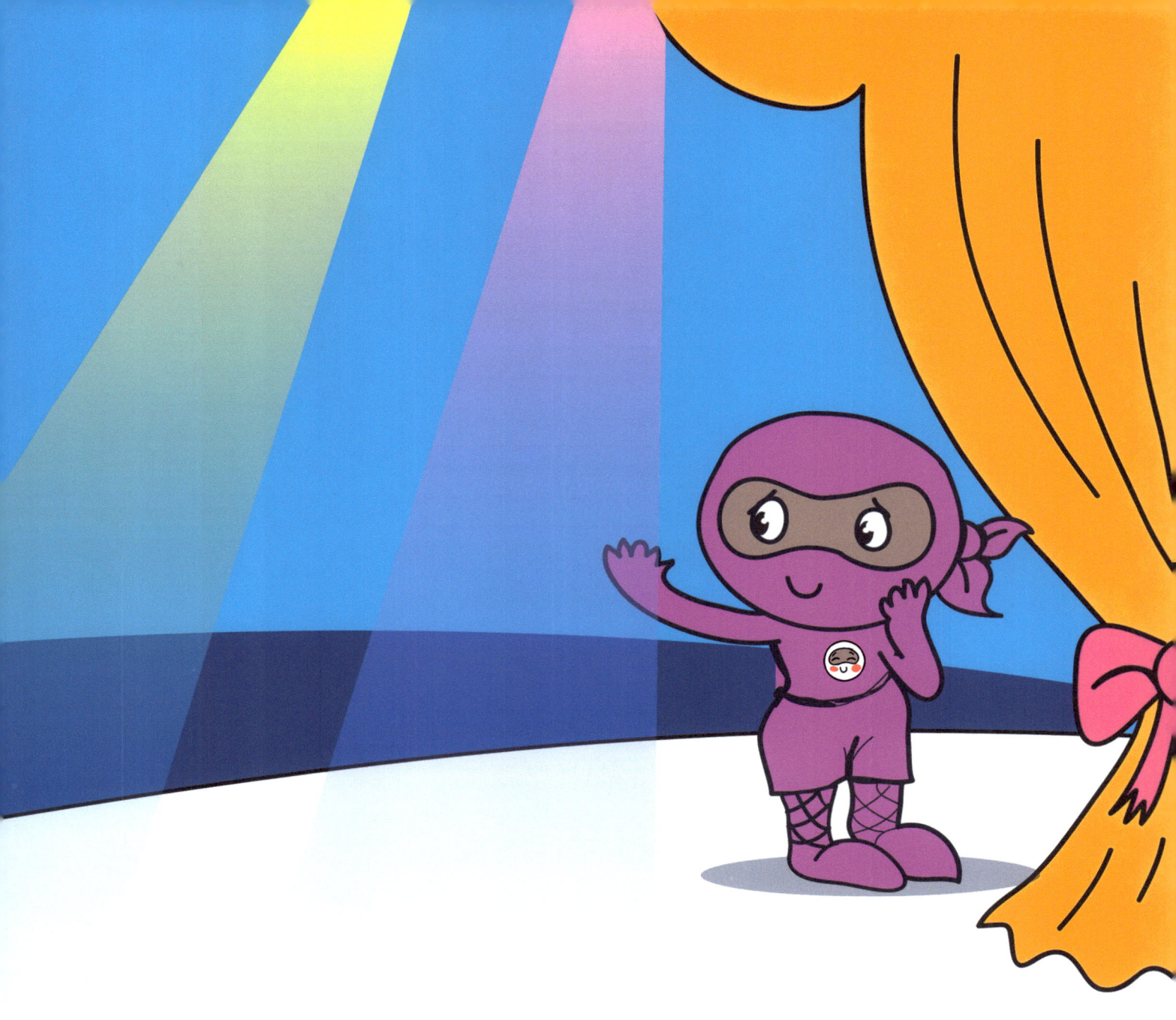

Me gusta ayudar cuando otros necesitan ayuda. Supongo que así es cómo me gané el nombre, del Ninja Servicial.

 ¡Soy el tipo de ninja que renunciaría a mi boleto de concierto para que un amigo pudiera ir!

Solía no entender cómo ayudar...

En casa, casi nunca ayudé a mi familia con las tareas domésticas.

En la escuela, cuando alguien necesitaba ayuda, no sabía cómo responder.

Si alguien tenía un problema, simplemente no me di cuenta de cómo ayudar.

En el patio del recreo, cuando alguien dejó caer sus gafas y no pudo encontrarlas, las recogí y se las devolví.

Cuando solo había una pelota para jugar, la compartí para que todos pudiéramos jugar.

Al bajar del autobús escolar, un amigo se tropezó y se cayó. Lo ayudé a levantarse y a recoger algunos libros que se le cayeron de la mochila.

Cuando llegué a casa, ayudé a mi mamá a poner la mesa.
Y cuidé de mi hermano cuando empezó a llorar.

Mamá hizo el plato de pasta más impresionante para la cena. Después de terminar de comer, la ayudé a limpiar los platos y a recoger la mesa.

Mientras me preparaba para ir a la cama, mi hermana olvidó apagar la luz del baño, así que la apagué.

Cuando mi mamá me arropó esa noche, me abrazó y me agradeció por ser una gran ayudante.

¡Se siente bien ayudar! Realmente me gusta ser un Ninja Servicial.

¡El recordar la regla de oro podría ser tu arma secreta para ser una persona servicial y cariñosa!